Valley Of Emotions

A Bouquet of Sentiments

Mitalee Mehta

BookLeaf Publishing

India | USA | UK

Made with ❤ on the BookLeaf Publishing Platform
www.bookleafpub.in
www.bookleafpub.com

Dedication

I would like to dedicate this poetry book to all the artists who follow their passion without making their art, a second option.

Preface

A humble attempt to create a poetry collection having a range of emotions by an amateur art lover who wants to express herself through a variety of arts.

Acknowledgements

First of all, I would like to acknowledge Facebook where I saw the advertisement of BookLeaf publishing. Secondly I would like to acknowledge the BookLeaf publishing for creating such an opportunity where an amateur writer like myself begin with their journey towards art.

I have observed that I am good at communicating by conveying the message in writing, rather than speaking. Noting down the inner most thoughts in the form of poetry (or whatever literature type it can be classified into) started the churning the wheels of my thoughts. Many-a-times, there was a continuous flow of thoughts. And being able to convey my inner thoughts, my opinions on certain matters led me to believe that my thoughts and opinions also matter.

I would like to acknowledge my family for being supportive in every venture I take up. I am eternally grateful to my mother from whom I have inherited the quality of having a voice for real issues, despite of being a girl in this patriarchal society.

Thank you everyone.

1. बच्चे मन के सच्चे

वैसे तो कहते है की बच्चें माँ के सच्चे,

लेकिन तुम ये भूल न करना समज के उनको अक्कल के कच्चे।

माँ की आँखों का तारा, पापा का राजदुलारा होता है वो, थोड़ा सा शैतान और नटखट पर सब का प्यारा होता है वो।

आते जाते सब लोग बच्चे को बुलाते जाते है, उनकी प्यारी हंसी का डोज़ लेके जाते है।

Chubby बच्चे की तो आ जाती है शामत, उसके गाल खींच के बुगली-वूगली बुश करने का जैसे हर एक का हो हक।

जो दो कपल में अनबन हो तो बच्चे करते है उसे ठीक, दोनों कपल के बच्चों की दोस्ती लाती है उपाय सटीक।

हर एक दुकान पर चलता है उनका extortion,बच्चे की विज़िट पर चॉकलेट या टॉफी देना बन जाता है Compulsion।

जब बच्चा सोया हुआ हो तो माँ –बाप भी आराम कर ले, फिर कब चैन की नींद मिले, ये टाइम न फिर वापस आए।
जब मूड में हो तो हसीं के ठहाके लगवा दें, पर जो मूड गया तो नानी याद दिला दे।

माँ के पास ही सब से ज़्यादा सुरक्षित है वो, ये बात बच्चा खूब जाने, इसी लिए तो और कोई और गोदी में ले तो चिल्ला के खूब शोर मचाए।

जब तक माँ बच्चे को गोद में ना ले, तब तक रोने का चालू रहता हैं प्रयोग, माँ का गोदी में लेना और बच्चे का चूप हो जाना ये सब से प्यारा संजोग।

बाहर घूमने जाने का तो जैसे है एक ही काम उनका।

जो भी जाता है बाहर करने कुछ काम, बच्चे को एक round मराना फर्ज़ ही है उनका।

नए नए कलर और डिजाइन के कपड़े पहन के घूमना, अगर चल ना पाए तो crawling भी करते रेहना।

काश की बचपन कभी ना वापस जाता,मिलता हमेशा प्यार सब से कोई डांट ना पाता।

2. School चले हम

एक news reporter school friend का आया कोल,

बोली अपने स्कूल के पर बनानी है एक रिपोर्ट,

इसी लिये स्कूल जा रही हुं,

क्या तुजे आना है? आना है तो चल।

ऐसा मोका जो छोड दूँ वो मैं नहीं,

बोला उसको तु वहां पहोंच, में दस मिनिट में आयी।

पहोंची जब स्कूल के गेट पे, बडे अक्षरों में अपने स्कूल का नाम पढ के खिल गया मेरा चेहरा,

दिल पहोंच गया उन दिनों में जहां पे है सुनहरी यादों का पेहरा।

जब प्री-स्कूल में थे, प्यारी सी फ्रोक और चुं-चुंवाले जुते पहेन के पहोंच जाते थे स्कूल,

थोडा पढ कर, खिलोनों से खेल कर और बच्चों वाले गाने गाकर भर जाता था दिल।

1स्ट स्टांन्डर्ड से युनिफोर्म पहेन के जाना हुआ ज़रूरी,

पर जन्मदिन पे अपनी मर्ज़ी के कपडे पहेन के जाना मज़ा बढा देता था मेरी।

पढने के साथ संगीत, नाटक और दूसरी ऐसी शिक्षा,

बढ़ने लगती थी खुद से ही खुद की अपेक्षा।

किताबी ग्यान के साथ मिलते थे जीवन के कई पाठ,

सब के लाड प्यार के साथ तो हमारे थे स्कूल में full-on ठाठ।

जैसे जैसे उम्र बढती गई , पढने का पड़ने लगा मन पे दबाव,

एसे में भी साथ हमारे खडे रहते teachers हमारे, दूर करने ये तनाव।

स्कूल की दुनिया कुछ ओर ही थी, स्कूल के दोस्तों की क्या बात,

उनके साथ ही फील किया life का हर पहला ज़ज्बात।

बडे होने के साथ ही competition बढी ओर कुछ रिश्तों की बली चढी,

थोडी jealousy और थोडी conspiracy हुई।

life की race में पहेला मुकाम पाने के लिये दोस्ती भी छन्नी हुई।

पर जो भी हुआ अच्छा हुआ, कम से कम लोगों की परख तो हुई,

ज़िंदगी भर दोस्ती निभाने का वादा करने वाली दोस्ती की भी हार ही हुई।

कुछ भी कहो यारो दिन तो वो सबसे हसीन थे,

अक्कल के कच्चे बच्चें देश के अच्छे नागरिक बन के स्कूल से बाहर चले थे।

3. कॉलेज के सुहाने दिन

वो बीते हुए पल, वो सुहाना कल,

याद आता है अब हर एक मंज़र।

वो केंटीन की चाय और पकोड़े,

बरसात में खाने को जाते थे दौड़े दौड़े।

वो चाय के साथ बातों की मिठास,

Bright future का हमे था पूरा विश्वास।

फ्यूचर का था हर रोज कोई नया प्लान,

रहेंगे हमेशा साथ करते थे ये ऐलान।

जब आते थे exam, सब हो जाते थे हैरान,

कोई नहीं मान पाता थी की मिल जुल कर पढ़ भी सकते है कीटली के ये शैतान।

नंबर कितने भी आए हमेशा होता celebration,

होता वो हम में से ही था, जो आता 1st in examination।

जब पढ़ाई पूरी हुई, हर महीने मिलने की बात हुई,

शुरू में सब थे आते, बाद में एक-दो की शादी हुई।

अब दुनिया बदल चूकी है,

और जिम्मेदारियाँ बढ़ चूकी है,

कल तक जो थे अक्कल के कच्चे,

आज है उनके एक – दो बच्चे।

माना की अब ज़िंदगी मिलने नहीं देती,

पर जरा भी कम नहीं हुई हमारी दोस्ती।

4. आँखों की शरारतें

आप की आँखों में अजब सी हलचल है, कोई उर्दू शायरी या एक मीठी गज़ल है।

गुस्सा हो या प्यार, कर देती है आँखें तुरंत बयां, शायद ये दो नैना तेरे, है दिल की जुबां।

झील सी इन गहरी आँखों में कोई कैसे न डूबे, देख ले जो एक बार तेरी आँखें, बिन पिए ही जूमे।

मैं भी सीखना चाहता हूँ नैनो की ये जुबां, कुछ भी कह लो अभी भी में हूँ थोड़ा सा नादान।

रब से यही गुजारिश है, मेरी बस यही ख्वाहिश है।

ज़िंदगी के रंगों से भरे ये नैनो से आँसू कभी न छलके, और प्यार की महकती खुशबू जिंदगीभर मेहके।

ये जो हमारी आँखों का रिश्ता है, क्या नाम दूँ में इसको, कुछ एसा हो जाए अब तो, पता चल जाए ये सब को।

हम दोनों है एक दूसरे के लिए बने, दुनियवाले भी तो ये जाने, मेरी आँखों मे छूपी मुस्कुराहट की वजह भी तो सब पहचाने

चलो अब मान भी लो, ओ कजरारे नैनो वाले, तुम्हारी आंखे भी ढूंढती है नैन मेरे ये काले?

5. पहेला पहेला प्यार

कुछ खास है नया सा ये एहसास, जब से मेरा दिल नही है मेरे पास।

रातों को तारे गिनना, बन गई है अब मेरी आदत, जब से इश्क हुआ है, इश्क ही है जैसे इबादत।

में चूप भी रहूँ, पर आँखें है बोल देती, तुमसे है महोब्बत ये राज़ है खोल देती।

जन्मों का नाता जुड़ा है तुमसे, पतंग के संग डोर जुड़ी हो जैसे।

ये ना ही कोई इत्तेफाक ही, ना कोई संजोग, हमें एक दिन मिलना ही था, चाहे कुछ भी कहे लोग।

नही रेह पाती मिले बिना तुम्हें एक भी दिन, अब तो न गुज़रेगी, ये ज़िंदगी तन्हा तेरे बिन।

कसम जो ली, वादे कीये जो, वो तोड़ना नही, कुछ भी हो अब ज़िंदगी में, मुजे छोड़ना नही।

रेह ना पाऊँगी, मर ही जाऊँगी, गर हम हुए जुदा,चुरा लूँगी में तुम्हें सबसे, चाहे तकदीर हो या खुदा।

लगता है ये पहेला पहेला प्यार बनेगा जिंदगीभर का साथ, मज़े के साथ गुज़रेगी ज़िंदगी, जब हाथों में होगा तेरा हाथ।

6. एक मीठी सी कश्मकश

जब से मिले हो तुम, खुद से जुदा हो गए है।

आलम ये है अब तो, बदनाम सरेआम हो गए है।

तुम्हें छू कर आती हवा, बदन में जान लाती है।

एक सिर्फ ख्याल तुम्हारा, सारी रात जगाती है।

अरमानों का मेरे दिल में उठा एक सैलाब है, तुम्हें अपना बनाने को ये दिल बेताब है।

सुन सकती हूँ में हर पल तेरी ही आवाज़, हर एक आहट पर तेरे ही आने की आस।

इतने दिनों से जाना है तुमको मेरे यार, ये बेचैनी और बेताबी, शायद इसी को कहते है प्यार।

मिलते हो जब सामने सब के, एसे पेश आते हो, एसे *ignore* करते हो और मुजे सताये जाते हो।

अब तो आ भी जाओ, ना सताओ, देखो मेरा हाल, कहीं न तेरे प्यार और इंतज़ार में जाए मेरी जान।

ये बात अब समजा ही दो मुजको, क्या मैंने पढ़ी है जो आंखे था वो बिल्कुल बेकार?

क्या सिर्फ मुजे ही ये एहसास है, क्या है ये सिर्फ एक तरफा प्यार?

7. कहानी Gender Equality की

औरत को औरत ही रहेने दो, क्यूँ लाना है मर्दों के लेवल के पास?

पहेले से वो ऊंची है मर्दों से, पहेले से ही है वो खास।

ये बात सुनकर मैं मन ही मन मुस्काई, किसको उल्लू बना रहे हो बात ये समज में न आयी।

इंसान या तो औरत को मानता है देवी या पेरों की धूल, मर्द ही है औरत का मुहाफ़िज़ ये सोचने की करते है भूल।

ना करो औरत की पूजा, चाहे उसको देवी ना मानो, ज़िंदा औरत भी एक इंसान है कम से कम इतना तो जानो।

उसकी भी कोई इच्छा है , उसकी भी कुछ तमन्ना, क्यूँ उसको ही समजा जाता है, जैसे कोई खेल खिलौना।

क्या इतिहास से हमने कुछ नहीं सीखा? जहां किसी कदम, पर औरत ने पीछे मुड़कर ना देखा।

स्त्री को ना महंगे तोफ़े चाहिए, ना ही सोने के जेवर, उसकी अना और self-respect ही है उसके लिए सबसे ऊपर।

किसी भी रूप में औरत हो अगर आपके जीवन में, सिर्फ उसे प्यार, सन्मान और अपनापन देना।

वो तुम से ज़रा भी कमतर है एसा एहसास अपने मन में ना लाना।

माँ की ममता हो या माशूका की महोब्बत, बहेन का प्यार हो या बेटी की शरारत, अगर सोच के देखो तो लाती है वो इस तूफानों से भरी ज़िंदगी में राहत।

औरत को अपने बराबर, अपने से ऊंचा या नीचा समजने की कश्मकश में ना उलजो,

वो भी एक इंसान है, जो खुद को चाहिए वही प्यार और मान उसको भी क्यूँ ना दो?

8. Love is in the Air

I know, I want to be with you, whatever happens, I can only bear it with you.

If you are with me, I don't bother about the destination.

Just going with you on a journey, gives me ultimate satisfaction.

I know that it may sound cliché, but you are my only BAE.

Being with you makes me complete, if you are by my side, for anything, I can compete.

Being in love with you made me more man, and the journey of becoming more mature began.

The sparkles of your eyes make my life brighter, the thought of spending my life with you is itself an ignitor.

Let us hope we will have a wonderful life together, our life will always be sunny, whatever would be the weather.

9. किस्सा Heart Break का

छोड़ दिया है जब हम को, क्यूँ है फिक्र अब हमारी, ना रोते रोते गुजरेगी, उम्र ये हमारी सारी।

जब किसी और को तुमने चाहा था, तब तुम्हारे दिल में क्या समाया था?

पता चली जब मुजे ये कड़वी सच्चाई, तब जाकर सामने आई तुम्हारी बेवफाई।

दिल तो मेरा बहुत दुखा ही था, ज़िंदगी में दर्द का मातम भी छाया था।

पर कसूर शायद मेरा ही था, एक जूठे से ही मैंने दिल लगाया था।

पर अब जब जान चूकी हूँ तेरी सच्चाई, तेरे साथ से तो बेहतर है ज़िंदगी की ये तन्हाई।

ना होंगे तुम अगर मेरे साथ, तो मर तो नहीं जाएंगे।

शायद थोड़ी मुश्किल होगी, पर ज़िंदगी तो खुशी से ही बिताएंगे।

चलो कहते हैं अब तुम्हें अलविदा, किसी और से तो कम से कम निभाना अपना वादा।

नही तुमसे कोई शिकायत, ना तुमसे कोई है कोई शिकवा, सुकून से तुम अपनी ज़िंदगी जीना यही ही दुआ।

10. खुमार पहेली मुलाकात का

कब तक यूँ ख्वाबों में आओगे, सोचा था एक दिन ज़रुर करीब आओगे।

ज़िंदगी ना गुज़रेगी इस तरह तन्हा, सावन कभी न बरसता बिन बदरा।

याद है आज भी मुझे वो पल, जब पहली बार हुआ था दीदार तेरा।

आँखे मेरी हो गई थी तेरी आँखो में ओजल, हो गई थी मे तेरी smile पे पागल

बोल रहे थे क्या तुम क्या पता, तेरे चेहरे पर ही था मेरा ध्यान सारा।

में और तुम जब बन जाते है हम, एक पल में गुम हो जाते मेरे सारे गम।

हर मुलाकात अपनी होती है खुछ खास, आज भी याद है तेरा मुजे छूने का वो एहसास।

आंसु आ जाते है पलकों में खुशी से, अब ना कोई तमन्ना बाकी है ज़िन्दगी से।

दावा है मेरा, जब होगा अपना मिलन, मौसकी से भर जायेगा अपना आंगन।

फिर तो खुशियां ही होंगी चारों ओर, संगीत ही लगेगा ज़रा सा भी शोर।

चलो अब आ भी जाओ राह देखती है खुशियां हमारी,अभी भी है करनी थोडी सी ओर तैयारी।

11. स्त्री शक्ति का सन्मान

जीना है कैसे ये मेरी मर्ज़ी, कुछ गलत करू, न है ये आदत मेरी।

हर मुश्किल के सामने डट के लड़ जाती हूँ , शायद इतनी हिम्मत अपनी Mummy से ही पाती हूँ।

करती हूँ सबसे प्यार, करती हूँ सबका सन्मान, अपनी किसी भी talent का मुजे नही है अभिमान।

अपना तो एक ही है slogan, कोई फर्क नही करो चाहे Man हो या Woman।

पता नही ये कैसा है confusion, Woman की हमेशा Man से होती है comparison।

Woman तो है God का अनोखा Creation, कोई भी नही कर सकता उनसे Competition।

औरत को प्यार करो और उससे भी ज़्यादा जरूरी, उनका सम्मान करो।

उनके पास ही है शक्ति नया जीवन दुनिया में लाने की, कोई नही उनसा, कदर करो उनकी Presence की।

वो ही निभा सकती है मर्द और औरत दोनों के किरदार, अधूरा है औरत के बिना अपना ये संसार।

12. We Are the Best

We are not saying this, out of superiority.

Because humanity has always been, our first priority.

We Indians are the best, in everything we do.

But at the same time, we are polite enough too.

We faced the pandemic, with so much patience.

Helped the whole world, while fighting against this odd.

And this way spread in the world, priceless humanity fragrance.

Helping out all the other countries, with wide opened arms.

We never fail to spread, our age-old charm.

The widest varieties of religions grow here together, all the festivals are celebrated with everyone altogether.

We have a range of climate and its natural beauty, we enjoy every bit of it in all types of weather.

'No war' is the fundamental principle we follow, but if anyone triggers us, they can easily be swallowed.

Science, technology, arts and sports, we can be the best in each of them.

25

Still, we are totally grounded, closest to the roots, even every one of us is a gem.

The whole world is one family, that what we believe.

Our life motto is, Live and let live.

13. कोरोना काल

जब हम बूढ़ें हो जायेंगे, बच्चों को सुनायेंगे ये कहानी,

कोरोना नाम की बिमारी आई थी, जो थी सदी की सबसे बडी महामारी।

कहते है चाएना के वुहान से निकला था एक वायरस, कुछ ही दिनों में पूरी दुनिया में हो गया वो फेमस।

फेमस होने तक ही वो रुका नही, इंसान को इतना गभरा दिया, की टेक्नोलॉजी से लेस होने पर भी इंसान हो गया बेबस।

धीरे धीरे विदेशों से आवाजाही बंध हुई, जो जहां पर था उसकी दुनिया वहीं पर रुक गई।

पहले जो भी दर्दी थे 15 दिन तक अलग कमरों में बंध रहे, ताकि infection किसी ओर को ना लगे।

इस quarantine के बाद भी केसीस की संख्या इतनी बढ़ी, पूरी दुनिया लोक डाऊन होने पर मजबूर हुई।

सारे नोकरी धंधे ठप हुए, पर जान है तो जहान है ये कहावत खूब
चली।

सबसे Strong कहेलाने वाले पश्चिमी देश भी ढेर हुए, Discipline ना
होने के लिए मशहूर भारत सबसे अच्छी मिसाल बनी।

गरीब और दिहाड़ी लोगों का खाने पीने का प्रबंध

कई धार्मिक और सामाजिक संस्थाओं ने किया, कई लोग तो ऐसे थे
जिनका उन में से किसी के साथ ना था कोई संबंध,

डॉक्टर्स और नर्सीज़ ना अपनई जान की परवाह की, Corona
Warriors बनकर कितनों की सेवा की।

जब इंसान ऑक्सिजन के लिए तड़पने लगा, तब वृक्षों का महत्व पता
चला।

सरकार ने भी ताबड़तोब ऑक्सिजन के plants का निर्माण करवाया।

हालत ऐसी थी की एक ही परिवार के बहुत से लोग कोरोना की ज़पेट
में आ गए थे, कितने घर परिवार बिखर गए, कितने लोग अकेले
पड़ गए थे।

लोग अपनों की अंत्येश्ठी भी नही कर सकते थे, आखरी बार
मुँह देखने को भी तड़पते थे।

कोरोना ने सब को लपेटे में लिया था, क्या अमीर और क्या गरीब, कितने celebrities भी चढ़ गए इस कोरोना की भेट।

Covacine और Covishield नाम की वेकसीन्स भारत ने खुद Develop की, पूनावाला बाप बेटा और Krishna Ella ने ये कमाल की खोज की।

करीब करीब 100 देशों को ये वेकसीन्स भारत ने मुहिया कराई, एसा कदम उठा के सही माइने में विश्व गुरु की impression बनाई।

भगवान करे एसी आपदा कभी ना आएहम सब स्वस्थ रहे और जीवन सुहाना जाए।

14. Parenting का Task

ये इश्क नही आसान, बस इतना समज लीजिए, एक आग का दरिया है और डूब के जाना है।

पर इश्क से भी मुश्किल माँ – बाप बनना है, बच्चे के पेदा होने के बाद ही parents का असली रोल आना है।

बच्चे को कुछ भी हो, पूरी दुनिया हो जाती माँ पर सवार है, ये करो, वो करो, शुरू हो जाती advice की भरमार है।

माना की बुज़ुर्ग के पास तजुर्बा ज़्यादा है, पर माँ ही तो बच्चे के हाल की राज़दार है।

बच्चा रोए या परेशान हो, तकलीफ महसूस करती माँ ही है, जिसने पाला अपने बच्चे को नौ महिने अपनी कोख में,

उस बच्चे का क्या दुनिया को ज़्यादा एहसास है?

माँ – बाप बनना सिर्फ कुछ सालों का काम नही, ये तो जिंदगीभर ना पूरे होनेवाला टास्क है।
अ

गर बच्चा फर्माबरदार हो तो बच्चे को स्टैन्ड लेना नही सिखाया, और अगर बच्चा करे मनमानी तो बच्चे को संस्कार ही नही दिया।

पर एक बात तो सच्ची है, बच्चों को चाहिए अपने माँ-बाप का टाइम, माँ-बाप का अपने पे ज़्यादा ध्यान देना या अपने बारे में ही सोचना असल में बन जाता है क्राइम।

बच्चे को इस दुनिया मे लाने का फेसला था आपका, अगर समय और ध्यान देने की पूरी न हो तैयारी, ना बच्चे को दुनिया में लाना, न करना अपने और बच्चे के साथ बेईमानी।

एक उम्र के बाद बच्चे के दोस्त बनो, उनकी उम्र के जब आप थे तब क्या हाल था आपका वो याद करो।

बच्चे अपनी ज़िंदगी खुद ही बनाएंगे ये खुद को याद दिलाओ, अपनी अधूरी ख्वाहिश पूरी करने का बच्चे को ना ज़रिया बनाओ।

एक बच्चे से ज़्यादा बच्चें है तो उन बच्चों में ना फर्क करो, हर बच्चा आप ही का अंश है, उनको आपस में लड़वाकर अपनी दुनिया ना नर्क करो।

दुनिया से ज़्यादा अपने बच्चे पर विश्वास करो, अगर हुआ उसके साथ कुछ गलत तो, गुन्हेगार का अच्छा खासा हश्र करो।

बचपन के भयानक अनुभव रेहते है सारी उम्र बच्चे के साथ, वो ऐसे सदमे से उभर सके एसे थामो उनका हाथ।

बड़े होने के बाद बच्चे को बांध के न रखो, अगर आपने एसा माहोल बनाया है, तो वो ज़रूर आपके पास ही रहेगा ये लिख के रखो।

वैसे तो Parenting एक बहुत ही complicated टास्क है,पर बच्चे का भविष्य हो सबसे सुंदर, ये ही समय की आस्क है।

15. Our Little Sunshine

Oh, you my little flower, you have become our life.

Before you had arrived, we were just man and wife.

But now we are promoted, and we are now your proud parent.

Your little hands and these fluffy feet, make every time my heart melt.

It makes my heart skip a beat, when your eyes keep searching your mommy to greet.

Those sparkles in your eyes when you see your mommy, it brightens the home even more than as the LED army.

Your giggling sound makes all my worries go away; my whole day goes around you while you play.

Going to the door in a sprint when Daddy comes home, crawling behind him everywhere, just like Jerry chasing Tom

Sleeping peacefully makes you adorable, it just seems like a tornado has become stable.

You must know this very well,

No matter what happens, no matter how big you get,

We will always love you and We will always be there.

16. मेरा भारत महान

दिल में मेरे आता है ये ख्याल बार बार, देश बढता रहे हमारा यूँ ही लगातार।

धर्म-इलाका और जात-पात का रखे ना कोई बैर, जो खडा हो वतन के खिलाफ उसकी नही है खैर।

हम सब सिर्फ हक मिलने की ही बात ना करें, बल्कि अपने फर्जों को भी निभाया करें।

सिपाही ही का नही सिर्फ ये फर्ज की, अपनी मिट्टी के लिये वो जिये मरे।

सरहद पर बेशक ना जायें हम, पर सिपाही और उसके परिवार के उठाये कष्ट को ज़ाया ना करें।

हम क्या क्या कर सकते है, ये सच्चाई इतिहास हमें बताता है।

अपनी काबिलियत पर भरोसा कर के ही, हमें इतिहास को दोहराना है।

अच्छे लोगों को दोस्त बनाकर, दोस्ती अच्छे से निभाते है।

लेकीन अगर कोई दुश्मनी पर उतर आये, तो उसको उसकी नानी याद दिलाते है।

वसुधैव कुटुम्बकम की भावना है ज़िसका मूल, नही गिनते किसी को भी अपने पैरों की धूल।

दुनिया के हर देश में हिन्दुस्तान बसाया है, फिर भी जुडे रहतें है ज़मीन से ये मिज़ाज हमने पाया है।

सायन्स, टेकनोलोजी, आर्ट या फिर हो क्रिकेट, सभी जगह बाज़ी मार ही लेते है सब की गिरा ही देते है विकेट।

हमारी सभ्यता को हमारी कमज़ोरी समजने की ना करना कभी गलती, खडे खडे करवा देंगे दुश्मन को उसकी उल्टी गिन्ती।

17. When I think

When I see you smiling, it gives my heart beating.

When I see you dreaming, I hope to be in that dream.

When I think to be with you, it gives me a quick kick to move.

When I think to be away from you, my heart just gets ripped into two.

When I think to shout at you, my heart says may you become a mute.

When I think to praise you, my heart says you are the only one who is cute.

When I think to kiss you on neck, my heart says may you become her necklace,

You can be in touch with that beautiful neck, it would give you full happiness, nothing less.

When I see you in my painting, I have feeling of being Leonardo da Vinci,

When I hear you in my music, I have felling of being Beethoven.

When I see you in my home, I have feeling of the owner of the biggest villa.

When I see you in bar, to get drunk I don't need Tequila.

When I see your face in sunlight, I can't decide who is brighter out of you two.

When I see your face in moon light, I can't decide who is more beautiful out of you two.

The thought of spending my life with you makes life more desirable,

And thought of living without you makes me to want to die instantly.

I hope one day my feelings will be known to you; you would also want me as I do.

38

Waiting for that time till then I keep thinking about you.

18. Cricket Fever

नहीं लिखा ये संविधान में, नही हुआ एसा ऐलान।

पर ये तो सब जानते है, क्रिकेट है हम हिन्दुस्तानीयों की जान।

घर में और महोल्ले में, पान की दुकानों पे, गलियों में चौबारे पे।

हर जगह बच्चों से लेकर बुजुर्गों के लिए क्रिकेट की चर्चा यही पहेचान।

मेरी भी दिलचस्पी क्रिकेट में है, मेरी माँ क्रिकेटर थी वजह उसकी यही है।

पहली बार 1996 में क्रिकेट मेच स्टेडियम में देखा था।

England – New Zealand का ये game ICC World Cup 1996 की एक टूर्नामेंट के रूप में देखा था।

जब पहली बार स्टेडियम गई तो बड़ी गरबड़ कर दी थी।

हर ओवर के बाद विकेट किपर अपनी जगह क्यूँ बदलता है ये पूछ बैठी थी।

शायद वो थी बचपने की नादानी।

पर अब तो हो गई हूँ काफी सयानी।

क्रिकेट के अपने सारे फेवरीट मोमेंट्स बता सकती हूँ।

उसपे सुना सकती हूँ पूरी एक कहानी।

सौरव गांगुली जिनको 'दादा' सब कहते है।

वो है मेरे ऑल टाइम फेवरीट क्रिकेटर।

और इंग्लैंड को लॉर्ड्स में हरा के जर्सी निकाली थी।

फ्लिंटऑफ को दिया था जवाब करारा।

वो लम्हा भूलाये नहीं भूलता।

खुशी का अभी भी करू मे हसकर इजहार।

2002 के वर्ल्ड कप फाइनल में हमारी टीम हार गई थी, हुई थी में बड़ी परेशान।

एक ऑस्ट्रेलियन की वजह से दादा की केप्टन्सी गई, इस बात पे आज भी हूँ हैरान।

उसके बाद दौर 'माही' का आया, जिसने बहोत मज़ा करवाया।

कुछ यादगार performances ने, उन लम्हों को बेमिसाल बनाया।

पहले T-20 वर्ल्ड कप में पाकिस्तान के सामने मिली हुई जीत।

पहली बार बोल आउट के जरिए जीते, नई थी ये रीत।

महेंद्र सिंह धोनी की कप्तानी का अलग ही था अंदाज़।

क्रिकेट के सबसे पॉप्युलर दो फॉर्मैट में वर्ल्ड कप जीतकर भारत के माथे सजाया ताज।

कप्तान कुल के नाम से मशहूर हुए धोनी।

दुनिया के फलकपट पर पूरी तरह बदल दी Indian Cricket की कहानी।

2007 में T-20 वर्ल्ड कप और 2011 में ODI वर्ल्ड कप जीत कर तिरंगा लहराया।

इस तरह के performance से सबसे सफल कप्तानों में से एक का खिताब पाया।

2 अप्रैल 2011 वानखेडे स्टेडियम, मुंबई में क्या समा था, हर एक क्रिकेट फेन टेंशन में नाखून चबाता था।

लास्ट हेलिकॉप्टर शॉट ने एक एसी स्थिति बनाई, 1983 के बाद फिर से भारत ने वर्ल्ड कप हाथ में पकड़ा था।

उसके बाद तो भारत को जैसे सब देशों को हराने की आदत हो सी गई।

टेस्ट मेच हो, वन डे या फिर हो T-20 फॉर्मेट, हर बार अपोनन्ट पर हावी होने की हमको जैसे लत लग गई।

2008 से Indian Premier League – आई. पी. एल. का हुआ आगाज़।

दुनियाभर के क्रिकेटर्स को भारत ने दिया पैसे बटोरने का चान्स।

धोनी के बाद कोहली ने कप्तानी संभाली।

काफी अग्रेसीव क्रिकेटर कोहली ने जीत की बात आगे बढ़ाई।

किंग कोहली और चीकू के नाम से फेमस हुए कोहली।

बहुत बार सबसे अच्छे क्रिकेटर की ट्रॉफी जीत कर दुनिया में मचा दी खलबली।

विराट कोहली के बाद रोहित शर्मा की बारी आई।

हीटमेन कहलेनावले रोहित ने हार को भी जीत बनाई।

अहमदाबाद में हो रहे वन डे वर्ल्ड कप में ऑस्ट्रेलिया से शिकस्त पाई।

हार में भी हम टीम इंडिया के साथ है ये बात पूरे देश ने जताई।

पर 'रोको' ने इस बात का बदला नौ महिने में 2 ICC ट्रॉफी जीत के लिया।

क्रिकेट में इंडिया ही बेस्ट है ये फिर एक बार दुनिया को साबित किया।

जीत-हार के इस खेल में जीत होनी चाहिए Sportsman Spirit की।

ऑस्ट्रेलियन जैसे माइन्ड गेमर्स के साथ वैसे ही खेलों, बात नही कोई परेशानी की।कुछ मेच फिक्सिंग के किस्सों से क्रिकेट पर तोहमत लग चुकी है।

पर क्रिकेट से मिलनेवाली खुशियों के आगे वो दर्द जनता भूल चुकी है।

एक क्रिकेट फेन होने के नाते मेरा तो ये मानना है।

क्रिकेट के खेल में हमेशा गेम स्पिरिट ही जीते, बाकी सब बेकार है।

19. इन्सान या देवता

ए दुनिया बनानेवाले, तु सब जानता है ओ ऊपरवाले।

क्यूँ इंसान बनने निकला है बनने भगवान, कुदरत के आगे हम सब है छोटे क्यूँ ना समजे ये बात।

आकाश, ज़मीन, समंदर, पर्बत और जंगल, ये सब है तेरी ही करामात।

उस पे कब्ज़ा पाने के लिए अपनों से लड़ता, हाय रे उसकी किस्मत।

पता है सब कुछ यहीं पर छोड़ कर जाना है, फिर भी जाने क्यूँ उसे जग को जीत जाना है।

काम कुछ तो ऐसा करे की जिस से आनेवाली पुश्तें भी याद करे, दुनिया में आकर जाने का काम तो छोटा सा कीड़ा भी करें।

ऊपरवाले के नाम पे ही सबसे ज्यादा लड़ते है इंसान, चाहे नदी हो या पर्बत या खुला आसमान।

ए इंसान कुछ तो ऐसा कर जिस से तेरी कुछ तो हो बरकत, क्या हो सकती है इंसान की सोच की मरमत्त ?

45

इंसानियत के अलावा सब कुछ करेगा इंसान तेरे नाम पर, ए ऊपरवाले ये इंसान तो तुजे भी बेच खाएगा, चने – ममरे के दाम पर।

20. Entertainment, Entertainment, Entertainment

बचपन से ही है मुज पे entertainment का भूत था सवार, mostly
कोमेडी और सस्पेंस कहानियों का था बुखार।

शुरुआत शायद Zee tv के 'Hum Panch' और कमांडर से हुई थी,
National tv के 'तहकिकात' से वो बात आगे बढी थी।

अनु कपूर की 'अंताक्षरी' और सोनू निगमजी का 'सारेगम' से घुली थी
ज़िन्दगी में मौसकी, हर शुक्रवार की रात को नेशनल टीवी पे आती
फिल्मों से थी हमारी आशिकी।

'Hip Hip Hurray' जैसे कई progressive shows से था Zee tv
का दबदबा, 'C. I. D.' show के साथ Sony tv ने मार्किट में ला दिया
था ज़लझला।

बडे होते होते K वाली serials और Star Plus ने धूम मचाई, असल
में तो अमितजी के 'KBC' से 'Star Plus' की व्यूअरशीप में जान
आई।

'कुमकुम', 'प्रेरणा', 'तुलसी' और 'पार्वती' बेक टु बेक कई सालो तक आई, पर पता नही क्यूँ एसी कहानियां मेरा और मेरे परिवार का दिल जीत ना पाई।

अब तो 'Star One' नाम के नये चेनलने हमारे टीवी पे एंट्री मारी, 'Remix', 'Sarabhai vs Sarabhai' और 'Khichdi' जैसे नये shows ने बाज़ी मारी।

'Jassi Jaisi Koi Nahin' और 'Indian Idol 1' ने ज़िन्दगी मेरी बदल दी, 'Cartoon Network' पे अभी भी चल रहे 'Tom and Jerry' showने जोली खुशियों से भर दी।

'Left Right Left' के 'Cadets' और 'Captain Raj' ने हमको दीवाना बनाया, सालों तक इसके गाने को मैने अपने callers को caller tune के रूप में सुनाया।

इतने सालों से C.I.D. का सफर जारी ही था, उसके अलग अलग versions का कमाल भी ज़ारी था ।

'सुमित संभाल लेगा' के बाद कोई इतना अच्छा content ना tv पे आया, कोरोना काल में नेशनल टीवी ने 'महाभारत', 'रामायण' और 'अलिफलैला' फिर से दिखाया।

अब तो OTT पे आते कंटेन्ट देख ने का मज़ा अलग है, पाकिस्तानी ड्रामा का जलवा भी कुछ और है।

TVF की सादा और दिल को छूनेवाली 'पंचायत', 'कोटा फेक्टरी', 'गुल्लक' और 'ये है मेरी फॅमिली' जैसी कहानियाँ भी देखी।

और 'द फेमिली मेन', 'स्पेशयल ऑप्स' और 'बार्ड ऑफ द ब्लड' जैसी सस्पेन्स थ्रिलर भी देखी।

'ज़िंदगी गुलज़ार है' और 'सुनो चन्दा' के कशफ-ज़ारुन और अजिया-अर्सल की लड़ाई के बाद का प्यार।

हमसफ़र, दोबारा और कभी मे और कभी तुम के अशर, माहिर और मुस्तफा का एक दीदार।

ज़िंदगी बना देता है इतनी हसीन की, ख्वाबों की दुनिया ही लगे सबसे अच्छी।

और दिल ये यही कहना चाहता है बार बार, Entertainment, Entertainment, Entertainment यही है हम सब की पुकार,

21. हम सब एक है

भारत की सभ्यता में बहुत से रंग घुले है, विविधता में एकता ये सच्चाई के साथ यहाँ सब रेहते है।

यहाँ पे मनाए जाते है कई सारे फेस्टिवल्स, Region wise और Religion wise अलग अलग होते है इनके सेलीब्रैशन।

January में गुजरात में उत्तरायण, नॉर्थ में लोहड़ी और साउथ में पोंगल मनाए जाते है।

February में कोई खास त्योहार तो नही आता, पर वेलेंटाइन मन्थ में प्यार मोहब्बत का ऊपर जाता।

March में होली है आती, रंगों और फूलों से सब के दिल रंग जाती।

July-August में जन्माष्टमी है आती, 'नन्द घेर आनंद भयो' की गूंज चारों और फेल जाती।

September में गणेश चतुर्थी है आती, गणपती बप्पा के पंडाल में हर रोज भक्त गण करे आरती।

इसी महिने में आती नवरात्रि गुजरात की, सबसे लंबा डांस फेस्टिवल, की जिसमें खुशबू है गुजरात की।

दशहरा के दिन रावण दहन है होता, बुराई पर अच्छाई और सच्चाई की जीत का महिमा बढ़ाया जाता।

फिर October-November महिनेमे आता है, हिंदुओं का आता है सबसे बड़े त्योहार।

दिवाली के दिए जला कर, मन में होती है खुशियों की बोछार।

December में तो हम नाताल है मनाते, Santa Clause के साथ बच्चे खूब जुमके नाचते।

इन त्योहारों के बीच ईद भी आती है, और अपने मुसलमान दोस्तों से सेवइयाँ मँगवाकर है खाते।

पारसी की पटेटी और जैनों का पर्युषण भी मनाए जाते, यु. पी. और बिहार में दिवाली के बाद छठ का पावन उत्सव मनाते।

हमारे कुछ त्योहार धर्म से तो कुछ इलाकों से जुड़े है, पर हम तो सारे त्योहार करे celebrate, क्यूंकी हम सब बिल्कुल एक है।